NOTE

J.-B. SELVES,

SUR LE MÉMOIRE DE 184 PAGES, DISTRIBUÉ AU NOM
DE **BOISSIÈRE**, POUR SA DÉFENSE CONTRE LA
PLAINTE **MICHEL**.

———————

Trois lignes des pages 9 et 10 de ce Mémoire,
avant de me nommer, montrent maladroitement le bout
de l'oreille, en me désignant comme un *troisième Caton*,
qui veut par écrit donner des leçons à la magistrature,
et corriger par d'âpres censures les officiers ministériels ;
cela seul ne permet pas de douter que la coalition de ceux
à qui mes ouvrages déplaisent, pour la millième
fois a voulu se venger en profitant de la nouvelle occasion que lui fournit Boissière :

Car assurément mes écrits sur les désordres dans l'administration de la justice, loin d'intéresser Boissière,
sont bien ce qu'il y a dans le monde de plus étranger à
lui et à son procès :

Sans cela, il me seroit bien impossible de deviner
d'où me viennent les calomnies si grossières qu'on
trouve dans ce Mémoire, au nom de Boissière.

x

Si j'ai aperçu, il y a environ quinze ans, Boissière agissant comme commis dans la maison Michel, il n'étoit presque qu'un enfant de quinze ou seize ans, avec lequel je n'ai eu rien à faire, et je ne sache pas qu'il puissse dire avoir entendu un mot, ni vu un geste de ma part qui ait pu lui déplaire.

Et il ne faut pas croire que je fais à mon tour une supposition, en disant qu'il existe contre moi une coalition d'hommes d'affaires, que mes Ouvrages démasquent. Cela est depuis long-temps notoire, et a été proclamé plusieurs fois, même au Palais par des sages et des magistrats. Les mots, qu'il y a un *brigandage organisé* contre moi, sont souvent sortis de leur bouche. En dernier lieu encore, et le 15 juillet, après un rapport solennel d'un conseiller dans une Cour suprême, où j'ai produit plusieurs centaines de pièces, on a entendu dans la plaidoirie du ministère public, qu'il est constant que cette coalition s'est formée pour me susciter des procès, refuser de me défendre, intercepter ma défense, me ruiner et me vilipender, comme on vient de le faire au nom de Boissière, et ma demande contre une foule d'avoués et sur-tout contre un avoué qui est précisément aujourd'hui celui du sieur Reynier, co-accusé avec Boissière, qui a été admise, aura certainement des suites qui seront en même temps les plus affligeantes et les plus utiles pour la justice.

On va voir aussi qu'il n'y a que l'audace d'une coalition qui ait pu imaginer des faits aussi atroces que ceux dont je me plains, parce qu'une coalition qui a la hardiesse du grand nombre , sur-tout quand elle peut se cacher sous le nom d'un malheureux , croit pouvoir tout oser impunément pour perdre qui bon lui semble.

Ces suppositions dans le Mémoire de Boissière que je dois réfuter , sont au nombre de quatre :

La première est une prétendue conversation qu'on dit avoir été tenue sur le compte des frères Michel, dans un repas chez un *propriétaire de bains* , que ce mémoire fabuleux dans ses expressions comme dans les choses, qualifie de *chargé d'affaires des Tritons et des Nayades de la Seine ;*

La seconde est relative à une créance de 140 mille francs ;

. La troisième à l'administration de la cour Batave;

· La quatrième à une affaire Rivière.

· Il seroit à désirer qu'on eût pu, pour mieux apprécier mes ennemis, attendre la publication d'une Notice, contenant mon entière défense contre l'opression , qui paraîtra dans quelque temps, et qui aura plus de deux cents pages bien curieuses ; mais pendant que tout le public a les yeux sur le procès de Boissière qui se juge , il est pressant d'effacer les injures auxquelles des passions le font servir de prétexte, et calmer l'inquiétude de la multitude des ames honnêtes, qui dans tout l'empire désirent tant le succès de mon énergie : car pour les autres, c'est-à-dire mes ennemis, je cherche fort peu à les appaiser ; je m'honore des progrès de leur rage , comme de la plus forte preuve de l'utilité de mes travaux.

Il faut donc réfuter au plutôt ces quatre suppositions;

et je ne suis pas en peine de le faire, avec autant
de facilité que de force.

PREMIER FAIT.

Conversation supposée.

Il n'y a que trois ou quatre mois que je suis instruit, parce que des amis ont cru ne pas devoir
me le cacher plus long-temps, que les coteries auxquelles mon énergie déplaît, inventent et font courir
depuis plusieurs années, des bruits, des propos,
dont l'un sur-tout est répété sans cesse par les malins
et les oisifs, et suivant lequel je suis ou j'ai été habi-
tué à me trouver dans des orgies ; j'y serois devenu
familier jusqu'à me tutoyer avec un fameux propriétaire de bains : et dans une occasion, à table, devant une foule de convives, les uns disent chez lui,
les autres à la Rapée, où je n'ai jamais été, il y auroit eu entre lui et moi une conversation telle qu'il
auroit fallu pour la tenir que je fusse insensé ou dans
l'ivresse ; ce qui n'est arrivé jamais, dieu merci à ma
sévère frugalité. Dans cette conversation, ce propriétaire de bains, s'oubliant lui-même, et je ne l'en
crois pas capable, quoique je ne le connoisse presque
pas, car je ne lui ai parlé que trois ou quatre fois
en ma vie, et parce qu'il vint chez moi pour m'en-
tretenir de quelque affaire ; dans cette conversation
supposée, dis-je, il se seroit permis des mots déplacés
sur le compte des *xes Michel*, relatifs au temps
où j'étois au nombre de leurs conseils, et je lui aurois répondu : *Tais-toi, je les ai lavés de plus de crimes*

que tu n'as lavé de C... Il n'est pas permis de prononcer les expressions aussi indécentes que calomnieuses, employées, dit-on, dans ce propos qui court depuis si long-temps par les soins des méchans qui ne pouvant répondre à mes écrits, tâchent de décréditer au moins et d'avilir l'auteur.

Quelles indignités ! Quel théâtre que celui de ce monde, sur-tout à Paris !

J'avois une occasion pour démentir cette conversation publiquement, presqu'à l'instant où je l'appris, vers le mois de janvier dernier, à l'audience de la Cour de cassation ; mais il ne me fut pas permis. Je profitai d'une autre occasion qui se présenta, lors d'un mémoire sur divers objets, qui fut déposé le 28 avril à la Cour de cassation, et qui a été ensuite imprimé et répandu.

Cela n'a pas empêché, comme on voit, que dans le lâche Mémoire de Boissière, cette conversation sans preuve comme sans besoin, ne se trouve répétée.

Par bonheur pourtant cette conversation supposée ne me présente pas comme un antropophage, qui auroit fait périr des innocens, et c'est une première consolation.

Mais d'autres disent que pendant la révolution j'ai été un homme de sang.

Rien cependant n'est plus constant, plus notoire que l'imperturbable humanité et la noblesse que j'ai montrées dans ces temps d'horreur, où il étoit si impérieusement défendu d'être noble et humain, et sur-tout pendant que j'étois président du tribunal criminel de mon département. J'ai toujours, alors comme aujourdhui , osé élever la voix avec l'énergie qui m'est propre , c'est avec la franchise et tout mon caractère aujourd'hui si connus et si applaudis dans tout l'empire que j'ai bravé la tempête révolutionnaire , surtout en souffrant vingt-cinq mois de la plus dure réclusion , parce que je me plaçais sans cesse entre le délire des bourreaux et la faiblesse des victimes. . . .

Non ! je n'ai jamais été, je n'ai jamais pu être , d'après mon habitude au travail et mes goûts, et la foiblesse de ma santé , homme à orgie, et à tenir des propos d'ivresse. Je ne saurois assez exprimer combien je souffre quand je vois ces figures rouges , tuméfiées, bourgeonnées, brûlées par le vin , et surtout quand j'entends ou je sens ces organes à graillon, croassans et infects qui annoncent des intestins gorgés et noyés dans les liqueurs bachiques , et tapissés de leur lie , et qui parlent à tort et à travers.

Si quelquefois j'ai pris hors de chez moi quelque dîner, il n'a jamais été suivi d'aucune habitude , d'aucun excès ; je ne me suis jamais associé à aucune coterie, à aucun parti , malgré le désavantage qu'on éprouve souvent en vivant isolé et sans chercher à se faire des partisans ; j'ai résisté à tous ceux qui ont voulu m'entraîner dans leurs réunions presque journalières : je n'ai trouvé ma satisfaction que chez moi et dans mon travail, m'embarrassant fort peu des ennemis qu'il pouvoit me faire, et m'honorant au contraire d'avoir des ennemis tels que ceux qu'il m'a fait, parce que ce ne sont que les ennemis de la justice même, comme tous les sages me le disent chaque jour.

Comment donc se peut-il qu'après avoir déjà pris

bliquement démenti ce propos dans des écrits très-ré-
pandus depuis trois mois, l'on ait encore, sans aucune preuve, osé le reproduire. Mais je sais tout et
reconnois la plume qui l'a fait, et qui a été éle-
vée auprès de celle qui a si bien péint l'espoir des
calomniateurs, qui est qu'il reste toujours quelque
chose des calomnies les plus atroces. Ce n'est pourtant
pas dans les circonstances où je me trouve, que la
calomnie ni ses restes peuvent troubler mon sommeil.
Je connois trop la puissance de la ligue que je com-
bat pour espérer de détruire jusqu'à la dernière des
plaies qu'elle m'a faites et me fera : mais je me trou-
verai seul plus puissant qu'aucun autre homme contre
elle, si je continue de parvenir, comme je l'ai déjà
fait, à arrêter quelques-uns de ses plus grands
excès.

DEUXIÈME FAIT.

Créance de cent quarante mille francs.

On prétend que cette créance m'ayant été trans-
portée par les frères Michèl pour la prendre sur un
nommé Bosset, j'ai su l'utiliser au point d'avoir sous
mon nom et celui d'une belle-sœur ex-religieuse, et au
prix de cent mille francs, deux immeubles de Bosset
qui valent trois cents mille francs.

Il suffiroit pour répondre, de dire : je n'ai eu aucune belle-sœur réligieuse. Les deux immeubles nationaux de Bosset ont été achetés à cent trois mille
francs, à l'audience des criées de Melun, le 22 fructidor an 10, par l'émigré auquel ils avoient appartenu

autrefois , qui nous les revendit le même jour devant
Duvergier, notaire à Melun, en payant comptant une
somme au-dessus des 103 mille francs du prix de l'adjudication , et en nous chargeant de payer ce prix
aux créanciers ; qu'il a fallu payer à un prétendu
créancier de Bosset, appelé Burgraf, suivant l'acte et
quittance reçue par Thion de la Chaume , notaire , le
15 fructidor an 13, qui contient en même temps emprunt et obligation de notre part en faveur du sieur
Dumont.

 Ne pourrions-nous pas nous borner là , et nous
écrier quel est celui-qui , sans être un brigand ,
pourroit encore élever la voix et mettre en question
notre légitime propriété de ces biens , à moins qu'il
n'osât soutenir que l'adjudication du 22 fructidor an 10,
l'acte notarié du même jour, devant Duvergier, la
quittance et l'emprunt devant de la Chaume n'existent
pas. Mais encore une fois, les honnêtes gens le croi-
ront et cela me suffit , en dédaignant d'avance la per-
fidie des coalisés qui oseront persister à dire qu'il ne faut
pas le croire.

 Je veux malgré cela donner encore la satisfaction
d'expliquer ce que c'est que cette créance de 140 mille
francs Bosset et ses suites. Cela sera fort court.

 Ce Bosset , qui étoit agent de quelques fournisseurs,
étoit chargé de deux ordonnances du sieur Burgraf,
montant à 680 mille francs à recouvrer ; il avoit acheté
les deux immeubles nationaux dont j'ai parlé , il
n'avoit pas d'argent pour les payer, il emprunta aux
banquiers Lajard et Durieux des valeurs admissibles
en paiement ; il avoit aussi proposé aux frères Michel, vers l'an 4 ou 5, de lui prêter sur les deux ordon-

nances, qu'il les chargea en même temps de tâcher de recouvrer.

La convention fut que pour lui faire des avances et lui ouvrir un crédit en compte courant de 150 mille francs, et pour sûreté, il feroit six lettres de change à l'ordre d'un commis de la maison Michel, qui les endosseroit au profit de cette maison, et qu'il seroit pris jugement et hypothèque sur les biens nationaux acquis par Bosset : cela fait, Bosset reçut des prêts successifs en compte courant.

La mobilisation des ordonnances comme des autres créances sur l'état, arrriva ; il fut question de régler le compte courant ; des arbitres furent nommés par le tribunal de commerce : Bosset s'entêtoit sur-tout à dire qu'il ne devoit pas reprendre les ordonnances et supporter la perte de la partie restante qui ne devoit pas être pour son compte ; qu'il y avoit eu négligence, et qu'alors il étoit encore créancier, malgré ce qu'il avoit reçu ; mais les arbitres nommés le 4 brumaire an 7, devant lesquels Bosset comparut, par le ministère de l'avoué Jaquotot, trouvèrent que Bosset devoit au moins 140 mille francs de capital, et ils invitèrent à ne compter les intérêts qu'à dater de l'assignation et non pas du prêt.

4 thermidor an 7. Jugement qui homologue cet avis, et condamne Bosset à payer 140,000 fr., et l'hypothèque prise se trouva valable pour cette somme.

11 fructidor an 8. Jugement sur appel contradictoire qui confirme.

5 brumaire an 11. Jugement de la Cour de cassation, qui rejette le pourvoi de Bosset.

Voyez si celui qui a imaginé de calomnier, en disant

que cette créance n'est pas légitime, et n'a existé que par quelque jugement de défaut subtilisé, n'est pas le plus déhonté scélérat.

L'histoire qu'il fait aussi du transport de cette créance n'est pas moins audacieuse.

Il prétend que ce transport de 140,000 fr. fut une munificence en ma faveur des frères Michel, et que j'ai profité de cette somme.

Il faut qu'on sache que, suivant un acte devant Cabal, notaire, les banquiers Lajard et Durieux ne voulurent achever de payer les biens nationaux acquis par Bosset, qu'ils avoient déjà commencé de payer, qu'autant que les frères Michel sur leur créance, consentiroient que Lajard et Durieux prendroient les premiers 54,000 fr., et les intérêts ; d'un autre côté, il falloit faire compte au débiteur de 90,000 fr. des rescriptions réduites au tiers, et qui valoient environ 30,000 fr., tout cela réduisoit la créance de 140,000 fr. à environ 45,000, somme à laquelle une maison du débiteur, rue de la Pépinière, avoit été estimée par l'architecte Molinos, et le débiteur avoit proposé cette maison en paiement.

Les frères Michel, qui par hasard, en traitant plusieurs affaires des administrés de mon département, après que fructidor an 5 m'eut fait sortir du Corps-Législatif, m'avoient amené à m'occuper de leurs propres affaires, sentoient qu'ils avoient à me satisfaire, surtout parce qu'ils venoient presque journellement chez moi, rue Céruti, me prendre mon temps pour des articles qui n'étoient pas susceptibles d'un paiement chaque fois qu'ils venoient. Ils avoient voulu faire un abonnement avec moi à dix à douze mille francs par an, chose assurément très-licite. Mais deux ans après, m'en-

tendant dire que ma femme parisienne alloit revenir à
Paris avec nos nombreux enfans, et que je désirois na-
turellement avoir une petite maison, m'offrirent, lorsque Bosset paroissoit vouloir s'arranger et donner sa
maison en paiement, de me céder leur créance pour
avoir et payer cette maison, parce qu'en effet cette
créance paroissoit être sauvée pour 45,000 fr. environ.
Ils me firent le transport d'abord par acte privé, valeur
en compte, et puis quand le compte a été réglé par
acte public, qui contient quittance. Car il faut qu'on
sache bien que je n'ai presque jamais été à la caisse de
Michel, sauf lors de deux versemens que j'y fis, l'un de
22,000 fr., et l'autre de 10,000, et d'un paiement d'environ 14,000 fr. qu'ils firent faire pour moi à Toulouse,
après le décès de mes père et mère, dont j'étois le fils
unique. Ce transport ne fut fait qu'à la charge de rendre
taisant Lajard et Durieux, ainsi que le débiteur, pour
la valeur des délégations en nature.

Mais Bosset ne voulut pas donner la maison à
45,000 fr., il en vouloit 90,000. L'expropriation fut
commencée à la requête de Lajard et Durieux; Bosset
la vendit furtivement pour 30,000 fr. en brumaire an 9.
Les copies de la notification de la vente furent mécham-
ment soufflées, et le faux fut impuni par des moyens
développés ailleurs; ordre sur cette vente : revente par
le premier acquéreur à un second, surenchère par le
sieur Bourdon, banquier, qui jouit de la maison,
divers procès, nouvel ordre dans lequel l'on appela les
créanciers du premier ordre pour faire des frais énormes.
Ces ventes judiciaires et seules, loin de rien produire,
ont dévoré plus de soixante mille francs de frais. Voilà
ce qu'est devenue la maison.

Quant aux deux immeubles ruraux, du débiteur
Bosset, ils furent vendus à Melun à l'émigré,
qui, comme je l'ai dit, nous les revendit de suite à
nous-mêmes. Nous voulions avec Lajard et Durieux
utiliser dans l'ordre du prix de ces biens, qui étoit de
163,000 francs, la créance commune de 140,000 fr.;
mais la mauvaise foi et la malice ressuscitèrent, ainsi
qu'il a été prouvé depuis inutilement, deux créances,
dont une de 98,940 fr. fut colloquée avant nous. Il
fallut, avec ma belle-sœur, emprunter et payer, comme
je l'ai dit devant le notaire de la Chaume, cette créance
qui, avec les frais des créanciers, absorboit au-delà des
103,000 fr. Ainsi la créance de 140,000 fr. est encore
due par l'insolvable Bosset; il y a eu plus de 50,000 fr.
de frais qui, avec le capital et les intérêts de l'emprunt,
nous ont coûté plus de 200,000 fr.; et tout cela par les
vengeances de la coalition.

Voyez si, avec cette créance, nous avons dépouillé
Bosset, qui n'eut jamais rien à lui. C'est pourtant à tort
et à travers qu'au préjudice des actes authentiques et si
nombreux qu'on vient de voir, les calomniateurs coalisés, cachés sous le nom de Boissière, ont l'indignité de
le dire.

Je dois répondre aussi à une scène dont les calomniateurs parlent, qui est que Bosset alla demander, sous
quelque prétexte, à Michel jeune, de voir les six lettres
de change qui étoient restées chez lui dans un tiroir,
crainte de les égarer dans les poursuites. Michel jeune
les lui fit voir. Bosset s'empressa par voie de fait sur
l'instant de bâtoner les acceptations, et s'empara des
lettres de change. Michel jeune eut beaucoup de peine
pour obtenir une déclaration de Bosset, qu'il les pre-

noit, et Bosset, sans dire de quelle manière il les tenoit, vouloit prétendre que, dès qu'il les avoit, la créance étoit éteinte.

Il fut fait une sommation à Michel pour la conservation des droits des transports par lui faits à Lajard et Durieux, et à moi et à ma belle-sœur, de faire rétablir ces lettres de change. Michel s'y soumit, poursuivit Bosset, et en frimaire an 14, devant notaire, il nous remit un jugement, un arrêt de la Cour d'appel, et un arrêt de la Cour de cassation, qu'il avoit obtenu et qui forçoit Bosset à rétablir les lettres de change. Ainsi la créance de 140,000 fr. et intérêts sur Bosset est encore entière, et si quelqu'un veut cette créance pour 20,000 fr., nous sommes prêts, avec Durieux et Lajard, à la donner.

Ainsi cette créance n'a pas servi à dépouiller Bosset de ses biens, et ce qui est dit à cet égard dans le Mémoire de Boissière est encore une scélératesse.

TROISIEME FAIT.

Relatif à l'administration de la Cour Batave.

Les frères Michel, comme banquiers, étoient chargés de la procuration des Hollandais, propriétaires de la cour Batave, et fatigués par les demandes et les procès des employés et des ouvriers, ils me prièrent d'examiner l'état des choses et ce qu'il y avoit à faire ; c'étoit au commencement de l'an 7. Il falloit mettre ordre à l'administration, et défendre aux procès, et pour cela, comme on ne plaidoit alors qu'avec un pouvoir à la main et que je suivois les audiences, surtout au tribunal de commerce, j'allai plaider moi-même ; et il fallut me

transmettre les pouvoirs pour en être muni, comme
l'étoient alors tant d'autres hommes qui se mêloient d'administrations, ou qui suivoient aussi les audiences, et
qui sont aujourd'hui dans les places les plus éminentes,
et qui ne tiennent pas à honte d'avoir eu des procura-
tions, surtout dans ces temps de désastre, avant brumaire an 8, où l'on voyoit des anciens intendans, des
conseillers commis aux postes, et ailleurs à 400 fr.
par an. J'exigeai, pour surveiller l'administration
et les employés, et éviter toute discussion de
compte, que les frais d'administration fussent
abonnés selon le parti déjà alors usité dans presque
toutes les administrations, et ils le furent à sept et
demi pour cent, ce qui n'étoit certainement pas exhor-
bitant. Les procès finirent, et il ne faut pas croire que
la dépense de plus de deux années ait été à des millions,
car elle n'excéda pas 275,000 fr.

Après le 18 brumaire de l'an 8, qui me fit reprendre
mes fonctions de juge, et après un voyage que la
mort de mes père et mère m'obligea de faire dans le
midi, je n'eus plus rien à faire pour la cour Batave, où l'on m'avoit forcé de me loger dans un appartement de garçon, et sur-tout le concierge en ve-
nant prendre, presque de force, mes meubles de la
rue Cérutti, parce qu'il étoit pressé que celui qui
surveilloit l'administration, habitât dans le local. Ensuite, par arrangement, et quoique je ne m'en mê-
lasse plus, mon petit appartement me fut laissé pour
le reste des trois années qui couroient. Voilà toute
l'histoire de cette cour Batave, à raison de laquelle
il ne me reste à parler que de la rente viagère de 12,000
fr. que le Mémoire de Boissière dit que j'y ai conservée
par la munificence des freres Michel.

Lorsque ma femme vint à Paris avec nos enfans et des produits de ventes déjà faites de quatre maisons dans Montauban, deux rue des Carmes, une près la Cathédrale qui étoit un ancien hôtel de la famille Lostange, une grande maison paternelle et jardin au fauxbourg Villebourbon, et le mobilier de trois de ces maisons, outre six domaines et une cinquieme maison qui nous y restent, nous voulions avoir à Paris ou une maison où faire un placement.

Un des co-proprietaires de la cour Batave, qui avoit fait estimer et fixer en argent sa portion en l'an 4, avant que je fusse à Paris, étoit créancier inscrit de 167,000 francs ; il poursuivoit et vouloit faire exproprier ; on lui avoit proposé de lui payer 67,000 fr. et de garder les 100,000 fr. de surplus, moyennant une rente viagère de douze mille francs. Cela étoit convenu avec lui, par acte privé. Mais il ne vouloit pas donner sa tête pour la rente viagere. Nous proposâmes avec ma femme de la prendre. Le créancier nous fit d'abord, le 12 fructidor an 8, le transport devant le notaire Anjubault, de cent mille fr. de son capital, qui lui fut payé partie comptant et partie en valeurs. L'acte porte quittance. Il nous met à sa place pour son inscription.

Le lendemain la rente viagère de 12,000 fr. fut bien aussi établie devant le même notaire, mais mon voyage dans le midi, mes occupations, la négligence d'un homme d'affaires retardèrent l'inscription de la rente. Le 29 prairial an 9, par acte devant Trutat, notaire, la banque territoriale devint acquéreur à réméré de la cour Batave. Il ne fut plus possible d'inscrire utilement le capital de 240 mille francs pour servir la rente. Il ne pouvoit plus être question que du remboursement du capital de cent mille francs inscrit. La banque territoriale tomba en déconfiture. Nous fumes obligés de poursuivre le recouvrement. Quatre avoués firent ou supposèrent faites quatre-vingts requêtes, dont quarante-deux grossoyées pour demander et obtenir que nous fussions déclarés non recevables quant à présent, et jusqu'à ce que nous eussions fait déclarer nos titres exécutoires contre la banque ; et les frais ont dévoré plus de la moitié de notre créance.

Cela a fini par deux transactions devant les notaires Viault et Jallabert, des 18 et 20 avril 1807, dans lesquelles moyennant des sacrifices , nous cédâmes et subrogeames à nos droits le sieur Massé, adjudicataire de la cour Batave , et Audebert Malay, sindic de la banque territoriale , et nous fîmes des délégations à nos créanciers de ce qui nous restoit dû.

Voilà la vérité par des actes authentiques.

Voyez si les frères Michel ont eu quelque part à la rente viagère.

Voyez si elle existe. Voyez s'il ne faut pas avoir le diable au corps pour calomnier , jusqu'à dire dans le mémoire de Boissière que nous avons une rente viagère de douze mille francs sur la cour Batave, et si ce n'est pas une indignité de voir les bons vivans des procès qui ont mangé eux-mêmes la plus grande partie de ce capital en frais, saisir l'occasion du procès d'un malheureux, pour nous reprocher que nous jouissons de cette rente qui n'existe pas.

QUATRIÈME FAIT

Relatif à une affaire d'un nommé Rivière.

Ce fut dans le courant de l'an 6 que les frères Michel eurent une affaire avec ce Rivière, qui vouloit qu'ils eussent pris part à un prétendu complot pour l'assassiner. Un militaire fut arrêté, poursuivi et acquitté, et les frères Michel avoient été aussi arrêtés pendant quelques jours; mais, comme le dit le mémoire Boissière, ils furent renvoyés par ordonnance d'un directeur du jury appelé Raynaud.

Je me rappele bien que je fus prié, par un banquier de leurs amis, d'aller avec lui quelquefois chez un vieux huissier, juge-de-paix, auprès duquel il n'y avoit rien à faire, puisqu'il envoya de suite la procédure au directeur du jury; et celui-ci ensuite mit en liberté les frères Michel. Je sais que je me réunis alors quelquefois avec les autres conseils des frères Michel, au nombre de cinq à six personnes, parmi lesquelles étaient des hommes qui sont aujourd'hui presque au premier rang, et qui n'étoient alors comme moi, ni juges, ni fonctionnaires, mais seulement avocats, et qui ne voyoient aucune preuve du complot.

Je ne rendis pas des plus grands services qu'eux à la maison Michel, dont la procuration étoit alors confiée à un des commis, à un agent de change et à un des MM. Enfantin, banquiers.

A quel propos donc encore vient-on me parler, à moi, de cette affaire Rivière, et la met-on en ligne dans les faits calomnieux.

Je devrois ici suivre le précepte d'une femme savante, qui a dit que c'est un suicide d'avoir de la modestie, et de ménager ceux qui vous attaquent sans ménagement, et je pourrois faire examiner mon désintéressement, retracer ce que j'ai fait et ce que je fais sans cesse, surtout depuis plus de douze ans, pour des milliers de victimes des désordres du palais ; les travaux, les prêts, les cautionnemens pour elles, les refus des capitulations proposées si souvent par les coalisés, pour m'acheter mon silence, la facilité que que j'aurois de me faire maître avocat, et d'avoir des vingtaines de garçons avocats dans des greniers, pour gagner des sommes considérables par les milliers de procès dont on me prie de toute part de me charger.

Je pourrois, par des détails, prouver la certitude, comme l'ont dit encore les magistrats de la Cour suprême, le 15 juillet dernier, que les vengeances, depuis plus de dix ans, nous ont pillé plus de quatre cents mille francs, nous en ont fait emprunter plus de deux cents mille, et ont entièrement ruiné la succession de ma belle-sœur, que ma femme n'a acceptée que sous bénéfice d'inventaire, et tout cela m'arrive comme les mêmes magistrats l'ont proclamé, parce que j'ai osé dévoiler le mal des procès, et voulu en appaiser les excès pour le bonheur de mes semblables, excès qui, ont-ils dit aussi, ne sont que trop vrais, et j'en ai déjà appaisé plusieurs qui coûtoient par an plusieurs centaines de millions.

Mais il n'est pas convenable de donner des listes des charités et des bonnes œuvres, et je ne cherche pas à convaincre ceux qui ne veulent pas croire ce qu'ils voyent. J'en suis assez récompensé par mon

cœur et par celui de la multitude des Catons qu'il y
a toujours eus et qu'il y a encore pour l'honneur
de l'humanité , comme des lettres des quatre coins
de l'Empire me le prouvent chaque jour ; car je ne suis
ni ne prétends être , comme le calomniateur le dit en
persifflant, le troisième Caton, qu'autant qu'il voudroit
faire amende honorable et devenir le quatrième lui-
même. Patience ! les calomnies ne tuent pas phisique-
ment , et si l'on me laisse vivre , l'on verra si je ne
mettrai pas à la raison ce colosse formé sans cesse par
la ligue de ces hommes malheureusement érigés en
corporation , auxquels on laisse tout diriger devant la
justice , et qui, comme je l'ai prouvé par des faits
sans nombre , d'après l'histoire, dans mes livres , ont
ébranlé si souvent l'ordre social et le trône même. »

Car, ce n'est pas à Boissiere que j'attribue l'idée
d'avoir saisi l'occasion de son procès pour me mal-
traiter ; mais il n'auroit pas dû le souffrir.

Je ne puis pas intervenir dans son procès, ni demander la suppression de son mémoire et la répara-
tion convenable pendant qu'il est aux débats et sur
les bancs les plus douloureux , et qu'il attend son
sort. *Res sacra miser !*

Si l'accusation qu'il supporte l'enterre, je dirai ;
Jam parce sepulto !

S'il s'en tire , il peut s'attendre que je saurai faire
réparer cette mauvaise et vile foiblesse, qui semble
innée en lui pour servir des passions.

En attendant, je ne veux me mêler de rien dire
sur son procès, quoiqu'il m'ait donné le droit d'examiner à mon tour ses actions, et je ne dirai pas s'il

est ou s'il n'est pas coupable, malgré que j'aye étudié ce qui en est aussi bien que tout autre ; je ne suis ni partial, ni vindicatif, et je désire que justice soit faite à qui elle appartient.

Tout ce que j'ose assurer, c'est que comme ce procès est d'une nature à se perpétuer dans l'histoire, je perpétuerai à mon tour dans ma notice combien les restes de la perversité révolutionnaire, malgré la sollicitude du gouvernement et la multitude des lois, savent faire trouver insuffisant tout ce qui constitue les règles des jugemens criminels, et combien il importe d'y rémédier, parce qu'elles sont, selon les publicistes, ce qui intéresse le genre humain plus qu'aucune chose qu'il y ait au monde. Il semble que personne ne veut étudier profondément ces règles, même dans la première ville du monde, où l'on ne s'en occupe que lorsqu'il faut s'en servir.

Je suis, au contraire, moi-même un exemple que ceux qui devroient les étudier, pour venger leur ignorance, vilipendent, veulent détruire, comme on voit, celui qui les étudie avec le plus grand soin, et qui malgré ses foibles moyens, a tâché d'en acquérir l'expérience et d'en faire profiter ses semblables.

Si nous n'avions pas à la tête du gouvernement l'homme le plus énergique pour la justice, qui ne manquera pas d'y rémédier, aussitôt qu'il en sera instruit, nous pourrions dire : *Ubinàm gentium sumus ?*

Car dans cette procédure de Boissiere où l'on a écrit des milliers de pages de part et d'autre, et employé tant de jurisconsultes et d'écrivains, on n'a su parler que des faits environnans les pièces et le prétendu crime, on n'a su trouver dans les pièces que la seule

circonstance relative au defaut de concordance et d'har-
monie entre la date et les domiciles , on ne s'est pas
douté que l'opération la plus importante étoit pour
les uns de chercher le prétendu faux dans le sein des
pièces en les conférant entr'elles sur tous les points ,
et presque sur chaque mot pour prouver pour le
plaignant qu'elles ont inconciliables , et pour les accusés qu'elles se concilient.

On sera bien étonné, à cet égard quand on verra
ma notice et ce qu'elle démontre qu'on peut dire en
comparant bien les seules pièces , et qui certainement
ne cherchera à flatter ni plaignans ni accusés , ni personne , et qui, à ma maniere, dira la vérité envers
et contre tous.

Mais quoiqu'elle soit finie , elle ne paroîtra qu'a-
près le jugement , pour l'utilité publique , dans
des cas pareils , sans m'occuper si elle m'attirera encore des ennemis , des coalitions pour m'insulter et
me nuire , parce que je sais me suffire , en mépri-
sant la calomnie , en dédaignant les calomniateurs ,
les oisifs et les lâches , qui après les éclaircissemens
les plus évidens , comme ceux que je viens de donner,
veulent toujours qu'il y ait quelque reste. Mais ils peuvent être sûrs que ni mon sommeil ni mon courage n'en
ont été ni n'en seront jamais ébranlés.

Signé SELVES.

De l'Imprimerie du NICOLAS-VAUCLUSE, rue Neuve-Saint-
Augustin, n. 5.